AF377679

Titolo | Gioberto e la sua casa
Autore | Beatrice Marrocolo

ISBN | 978-88-92690-80-6

Youcanprint Self-Publishing
Via Roma, 73 - 73039 Tricase (LE) - Italy
www.youcanprint.it
info@youcanprint.it
Facebook: facebook.com/youcanprint.it
Twitter: twitter.com/youcanprintit

Finito di stampare nel mese di Ottobre 2017
per conto di Youcanprint Self-Publishing

PREFAZIONE

Questo libricino illustrato, ispirato ai sei principi Polestar Pilates, nasce dal desiderio di divulgare il Metodo Pilates ai bambini e ai preadolescenti.
Lo scopo è quello di fornire loro uno strumento di "Educazione Fisica" che vada oltre il concetto di Sport convenzionale, affinchè possano sviluppare la consapevolezza della meravigliosa complessità del proprio corpo in stretta connessione con la mente, ed averne cura, SEMPRE!!!

Sono Mamma di quattro figli e pratico quotidianamente il Metodo Pilates da oltre quindici anni. Con immutato entusiasmo ho sperimentato su di me, sui miei figli e sui miei clienti, quelli che sono gli effetti benefici del metodo, ormai noti a tutti, come il miglioramento della postura, della flessibilità, della forza...

Tutto questo – unito al desiderio dello stesso Jhoseph Pilates di disseminare il metodo ovunque e a chiunque, a partire dai bambini nelle scuole – ha dato vita a GIOBERTO: un bambino speciale, ma con dei Super-Poteri alla portata di tutti. Gioberto è l'amico da 'imitare', quello che ti aiuta a dare il meglio nello sport che ti appassiona, quello su cui puoi contare quando è richiesta concentrazione e precisione, quello che cambia la tua vita in meglio e che resterà per sempre al tuo fianco.
Pilates è divertente, Pilates F U N Z I O N A ! ! !
Buona lettura

Beatrice Marrocolo
Insegnante Certificata Polestar Pilates

C'era una volta un bambino di nome Gioberto. Era un bambino molto speciale perché aveva il corpo a forma di casa, una casa magica, che gli conferiva dei Super Poteri... Questa casa era su due piani. Non aveva porte, ma solo finestre: tre grandi al piano superiore (due ai lati e una sul retro della casa); una minuscola al piano inferiore, proprio sul fronte. Le pareti potevano allargarsi e restringersi e i pavimenti flettevano verso il basso e verso l'alto.
Ed ora mettiti comodo, e lascia che ti racconti come Gioberto sfruttava i suoi Super Poteri fatti di luce e scintillanti bolle di sapone...

espira. Quando inspiri (prendi aria dal naso) si accende una luce dentro di te che illumina tutto il tuo corpo e quando espiri quella luce esce tutta fuori dalla tua bocca e si trasforma in bolle di sapone. Torna ad inspirare e immagina di voler illuminare solo il piano superiore della casa, dove ci sono le grandi finestre. La luce è così intensa da allargare le pareti e fuoriesce dalle finestre. Espirando, fai uscire la luce dalla bocca sotto forma di bolle di sapone. Ripeti tutte le volte che vuoi, prova e riprova

Ora inspirando illumina il piano inferiore della casa, quello con l'unica minuscola finestrella sul fronte: l'ombelico!!! La luce allarga le pareti e fuoriesce dalla piccola finestrella "ombelico"e poi, espirando, scintilla nell'aria racchiusa in bolle di sapone grandi e piccole e… MAGIA MAGIA

IL PAVIMENTO SI TENDE VERSO L'ALTO E NE SPUNTA FUORI UNA LUNGA SCALA

Ebbene, è proprio in quel momento che Gioberto comincia a sentirsi bene e in grado di sfruttare i suoi Super poteri.

Ovviamente è una scala magica, fatta di luce e bolle di sapone che si incastrano tra i pioli, e si può salire e scendere solo con la mente e un gradino alla volta.

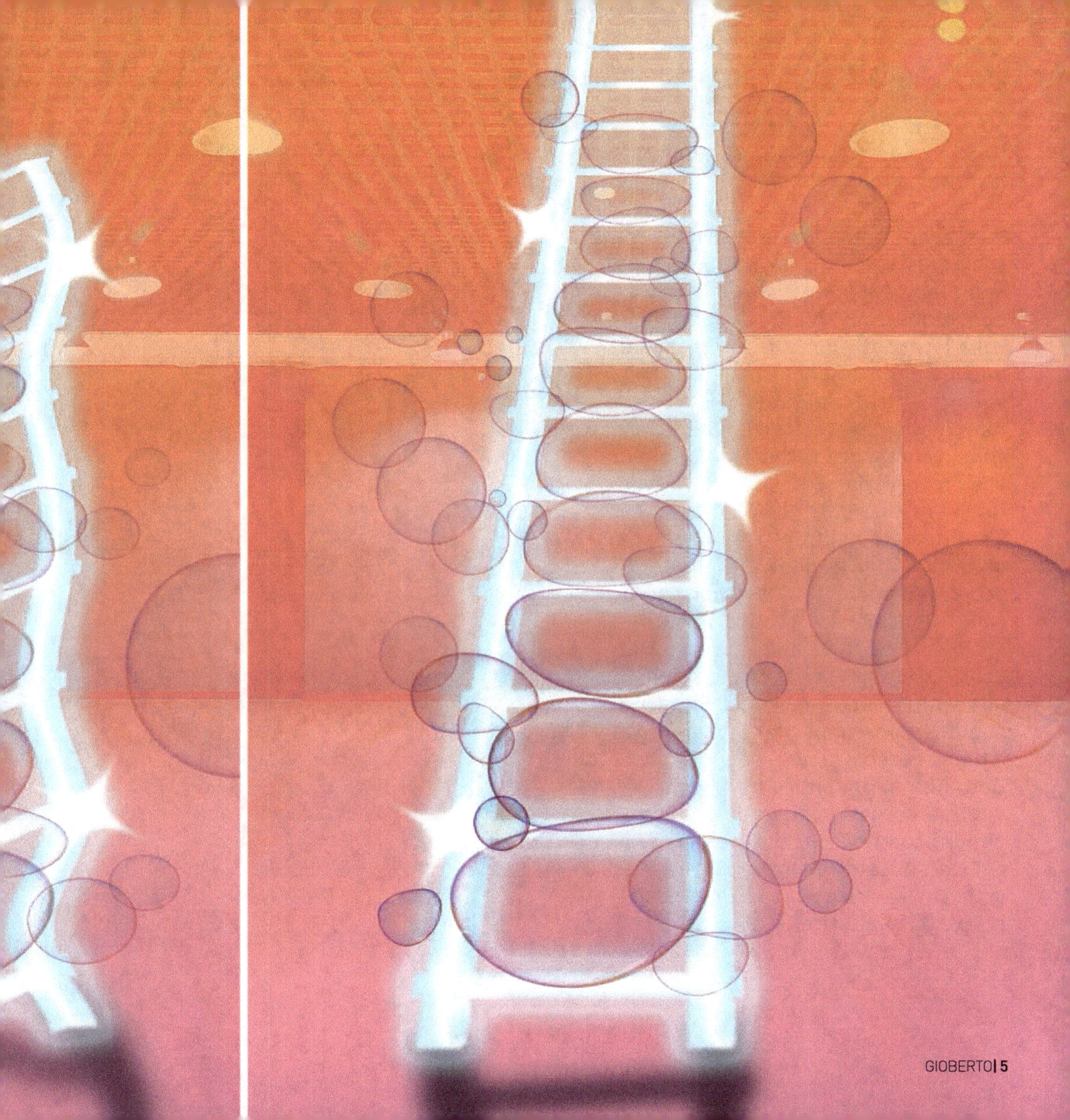

Questa scala magica permetteva a *Gioberto* di muoversi in tutte le direzioni, poteva flettersi, estendersi e perfino ruotare... FORTEEEE!!!

Prova ad immaginare di salire la scala: arrivato in cima, appenditi con una mano sul piolo più alto e lasciati penzolare in avanti. La scala si curverà in avanti fino a farti toccare di nuovo sul pavimento. Una volta arrivato giù, risali dal piolo più basso e man mano che percorri un piolo alla volta, vedrai che la scala riprenderà la sua forma di partenza, tornerà a svettare verso l'alto.
Continua ad inspirare e ad espirare, quando arrivi di nuovo in cima alla scala, appenditi con una mano e lasciati penzolare dall'altra parte. La scala si curverà all'indietro, arriva fin dove riesci ad arrivare, poi un piede alla volta risali e riporta la scala alla sua posizione di partenza, cioè dritta e lunga verso il cielo.
Continua ad inspirare e ad espirare, quando arrivi in cima alla scala appenditi con una mano e lasciati penzolare sul lato destro e poi sul lato sinistro...la scala seguirà la direzione che tu gli suggerirai

Che ne dici? E' divertente o no? Ma non è tutto!!! Questa scala magica può anche ruotare, basterà che una volta arrivato in cima alla scala, tu rimanga con i piedi su un piolo, una mano sul piolo più alto e l'altra mano si allarghi verso dietro, come quando spalanchi una porta. La scala ruoterà in quella direzione... insomma, un vero e proprio sballo, come stare sulle montagne russe.

ioberto si divertiva un mondo! Più si muoveva e più si sentiva bene, tutto grazie alla
sua casa magica, dalla magica scala.

C'era una cosa, però, che gli impediva di muovere al meglio le sue braccia... Il tetto!!!! Eh sì, perché il tetto della casa era proprio attaccato alla sua testa e il movimento delle sue braccia risultava goffo e impacciato...così ricorse di nuovo ai suoi *Super poteri*: facendo uscire bolle di sapone luminose da dentro di sè, il tetto della casa si allontanava dalla sua testa e magicamente le sue braccia potevano muoversi liberamente, potevano andare in avanti, indietro, di lato e ruotare, fare delle circonduzioni più o meno ampie per un verso o per l'altro.

Gioberto era felice, muoveva le sue braccia come un vero danzatore, senza alcun impedimento. A questo punto *Gioberto* si rese conto di essere diventato anche più forte! Siccome si era stancato dopo tutti quei movimenti, si appoggiò con tutte e due le mani ad una parete e improvvisamente sentì una magica energia dentro la sua casa che lo indusse a piegare e a stendere le braccia con vigore. Scoprì così che le sue braccia erano in grado di sostenerlo mentre si accostava e si discostava dalla parete.

Gioberto si sentiva forte ed abile e cominciò a saltellare con gioia....anche le sue gambe le sentiva più forti, così volle provare a testarle con i suoi Super Poteri:

i riempiva di luce e mentre la faceva uscire sotto forma di bolle di sapone, piegava e le stendeva le gambe, le piegava e le stendeva, le piegava e le stendeva, cercando di mantenerle ben allineate.

Gioberto era davvero fiero della sua casa! Quella casa gli dava il potere di fare tutto ciò che desiderava e in qualsiasi posizione: da in piedi, da sdraiato, da seduto, disteso su un lato, a quattro zampe, pancia in sotto. In qualunque posizione era in grado di eseguire movimenti corretti ed efficaci, che lo facevano sentire bene, sempre meglio!!!

Poco a poco si diffuse la voce che Gioberto aveva una casa magica e tutti i bambini desideravano conoscerne il segreto. Così cominciarono ad inspirare e ad espirare proprio come faceva Gioberto e da quel momento vissero tutti felici e contenti...
IN MOVIMENTO!
GIOBERTO| 16

RINGRAZIAMENTI

Dedico questo racconto alle mie adorate figlie che mi hanno aiutato e incoraggiato, anche indirettamente, a portare a termine questo progetto.

A mio marito Daniele, a mia sorella Laura, alla mia amica e collega Eleonora, che per primi hanno letto la bozza e mi hanno dato fiducia.

Alla mia amica Fabiola Spaziano, colei che ha realizzato materialmente questo mio piccolo sogno con grande professionalità, un mega-super-galattico GRAZIE DI CUORE